Lenhard

Sieger Köder

Eine Weihnachtsgeschichte vom Hohenberg

Sieger Köder

Eine Weihnachtsgeschichte vom Hohenberg

Schwabenverlag

4. Auflage

Satz: Schwabenverlag AG, Ostfildern
Herstellung: Rottenburger Druckerei, Rottenburg
Printed in Germany

ISBN 3-7966-0670-9

Vorwort

Es gibt wenige Texte in der Bibel, die so intensiv und vielgestaltig interpretiert worden sind wie das Weihnachtsevangelium. Das mag damit zusammenhängen, daß unter den christlichen Festen eigentlich nur das Weihnachtsfest eine außerliturgische Feier geprägt hat. Das ist selbst da noch der Fall, wo die Feier des Weihnachtsfestes nur noch im Rahmen des häuslichen Brauchtums begangen wird. Eigentlich ist in einer solchen Feier die Intention des Evangeliums in einer lebendigen Weise aufgegriffen. Das Wort des Evangeliums ist ja in vollem Verständnis nicht nur Information über vergangene Begebenheiten. Es will vielmehr in jeder Gegenwart die Verheißung des Heils, das Gott in Jesus wirkt, neu aufrichten. Deshalb muß es immer wieder neu übersetzt werden. Solche Übersetzung kann auf verschiedene Weise geschehen.

Sehr früh hat die Christenheit begonnen, die Texte in Bilder zu fassen. Sie wurden an die Wände der Kirchen gemalt und in die Anfangsbuchstaben der Bücher; sie wurden in die Kapitelle der Säulen gemeißelt und als farbige Glasbilder in die Kirchen eingefügt.

Es gibt aber noch eine andere Form der Darstellung: die Übertragung in das Spiel. So haben sich im Laufe der Zeit Krippenspiele entwickelt, die das Geschehen der Menschwerdung Gottes in spielerischer Form Darstellern wie Zuschauern vermitteln. Der konkrete Mensch kann im Spiel in das Geschehen von Bethlehem selbst eintreten. Er ist sozusagen Mitgestalter dessen, was sich einst ereignete. Diese Anteilnahme ermöglicht ihm eine besondere Weise der Berührung mit dem Inhalt des Evangeliums.

Was auf den folgenden Blättern von Sieger Köder gezeigt wird, ist eigentlich so etwas wie ein in Bilder gefaßtes Krippenspiel. Der Text des Evangeliums ist bis in sprachliche Besonderheiten hinein liebevoll ins Schwäbische übertragen, obwohl es keine Mundartdichtung ist. Aber man hört beim Lesen die Buben in Hohenberg förmlich von der Kanzel herunter den Text aufsagen. In der Hohenberger Kirche wurden die Bilder bei einem weihnachtlichen Gottesdienst erstmals gezeigt. Sie öffnen das Geschehen des Weihnachtsevangeliums auf seine Erfahrbarkeit, wie wir sie aus den Krippenspielen und Krippendarstellungen kennen.
Es gehört mit zur Fröhlichkeit des Weihnachtsfestes, daß die Details in köstlichem Humor, wie er dem Dichter und Maler Sieger Köder eigen ist, entfaltet werden. Man hat den Humor schon als die achte Gabe des Heiligen Geistes bezeichnet. So bleibt nur zu wünschen, daß von dieser Gabe etwas für den Leser und Betrachter dieses Büchleins abfällt.

Augsburg, im Juni 1982

Herbert Leroy

Hört, ihr kleinen und großen Leute,
was wir euch verkünden wollen heute,
wie es uns aufgeschrieben ist
vom heiligen Lukas – Evangelist.

Ganz vorne rein schreibt er es drum
in sein Evangelium,
daß unser Heiland Jesus Christ
zu Bethlehem geboren ist.
Wir sagen euch an in der Heiligen Nacht,
wie durch des Heiligen Geistes Macht
vor den Toren der Bethlehem-Stadt,
Maria das Kindlein geboren hat.

Evang

Da sitzt er in Rom, der Kaiser der Welt,
der Herr Augustus, und weil's ihm gefällt,
will er da wissen von allen zugleich,
wieviel Menschen wohnen in seinem Reich,
und schreibt darum in seinen Befehlen,
man solle die Leute alle zählen
um Rom rum und weit weg, wo sie alle sind,
in Athen und Jerusalem und in Korinth.

Quirinius macht im Judenland
gleich den Befehl des Kaisers bekannt,
daß jeder dort, woher er stammt,
also auf dem Standesamt,
wie es in seinem Stammbaum steht,
jeder dorthin zur Volkszählung geht.

BEFEHL
VOM
KAISER
AUGUSTUS

DASS DER GANZE ERD-KREIS SICH EINSCHÄTZEN LASSEN SOLLE EIN JEDER IN SEINER STADT

Auch Josef hört von des Kaisers Schreiben.
Er kann jetzt nicht in Nazareth bleiben.

Er holt den Esel aus dem Stall
und sattelt ihn auf jeden Fall.
Der Weg ist weit, er weiß es genau.

Dann ruft er seiner jungen Frau
und lupft sie auf den Sattel sacht,
hat sie ein wenig angelacht.
Er weiß, sie wartet auf ihr Kind.
Hoffentlich kommt's nicht so geschwind.
Er sagt zu ihr: »Mach dir's bequem –
wir müssen bis nach Bethlehem!
Ich führ den Esel, dich soll er tragen,
so wollen den weiten Weg wir wagen.
Laß uns zur Davidsstadt nun reiten,
den Weg dahin wird Gott uns begleiten.
Gottes Engel wird für uns sorgen.«

Und durch den Abend, durch den Morgen,
durch Morgennebel und Sonnenbrand
ziehen sie durchs judäische Land.

Und da, wo Maria vorbeigeritten,
und wo Sankt Josef vorbeigeschritten,

da sind die Dornen ausgeschlagen,
da haben die Dornen Rosen getragen
und haben zu blühen angefangen.

Zwölf Nächte lang sind sie nicht zugegangen.
Das kam, weil, als sie geritten sind,
da war unterwegs auch schon das Kind.
Nach zwölf Tagen und Nächten seh'n sie die Stadt,
die vom König David den Namen hat,
am Heiligen Abend, 's wird langsam schon Nacht
und Zeit, daß Josef Quartier jetzt dann macht.

Maria sagt: »Ich will's uns gönnen,
daß wir bald alle schlafen können,
der Esel, du lieber Mann und auch wir.
Ich bitte dich, find uns bald ein Quartier.«
Und Josef schellt am Herbergshaus,

da guckt der Wirt ganz bissig heraus
und schreit: »Laßt uns in Ruhe jetzt!
Bei uns ist alles schon längst besetzt!«

Und Josef schellt an der nächsten Schell.

Da macht sie das Fenster auf ganz schnell,
die Wirtin, und ruft: »Es ist zu spät!
Macht, daß ihr bloß gleich weiter geht!«

Beim Nächsten klopft der Josef an:

Ein Schrei: »Hau ab, mein lieber Mann,
ich hab keinen Platz und ...« schreit er »und
wenn ihr nicht geht, schick ich den Hund!«

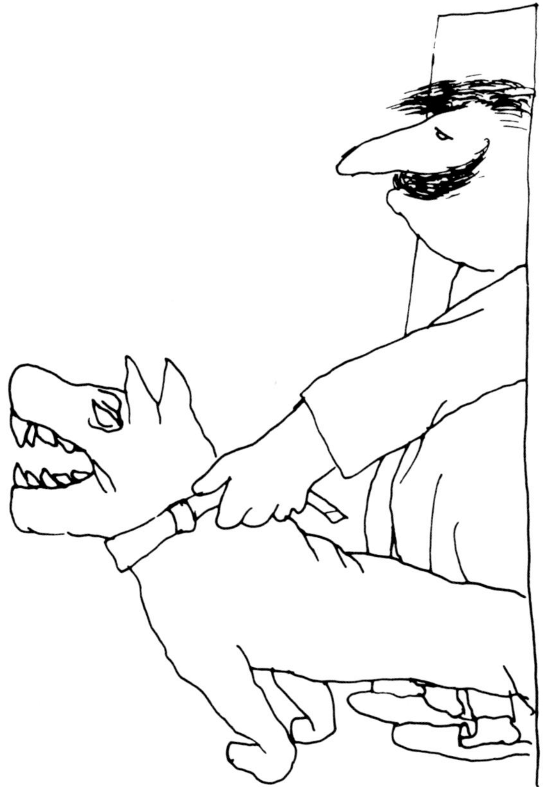

Und Josef probiert's jetzt in dem Hotel »Zum König Salomon« – Doch ganz schnell schreit da von weitem der Portier schon:

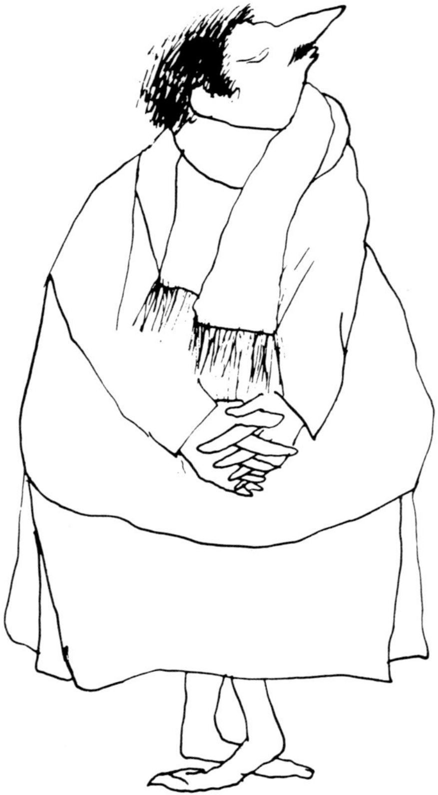

»Wir haben im König Salomon
von jeher schon und so auch heute
nur immer die allerfeinsten Leute
und Damen – und keine armen Weiber,
und keine staubigen Eselstreiber!«

Da steht der Josef ganz verlassen
und finster geworden ist's in den Gassen.
Er schellt –,

auf geht die Jalousie –
es schreit: »Bei mir hier nimmer und nie!
Ihr seid ja, man hört's am Dialekte,
au lauter bloß so Reingeschmeckte!
Verzieht euch woitle glei bloß weiter,
mir brauchet koine Gastarbeiter.
Was kann, das wissen alle Frommen,
aus Nazareth denn Gutes kommen?
Was mir hier brauchet, isch a Ruah!«
Bums! – Dann isch do dr Lada zua.

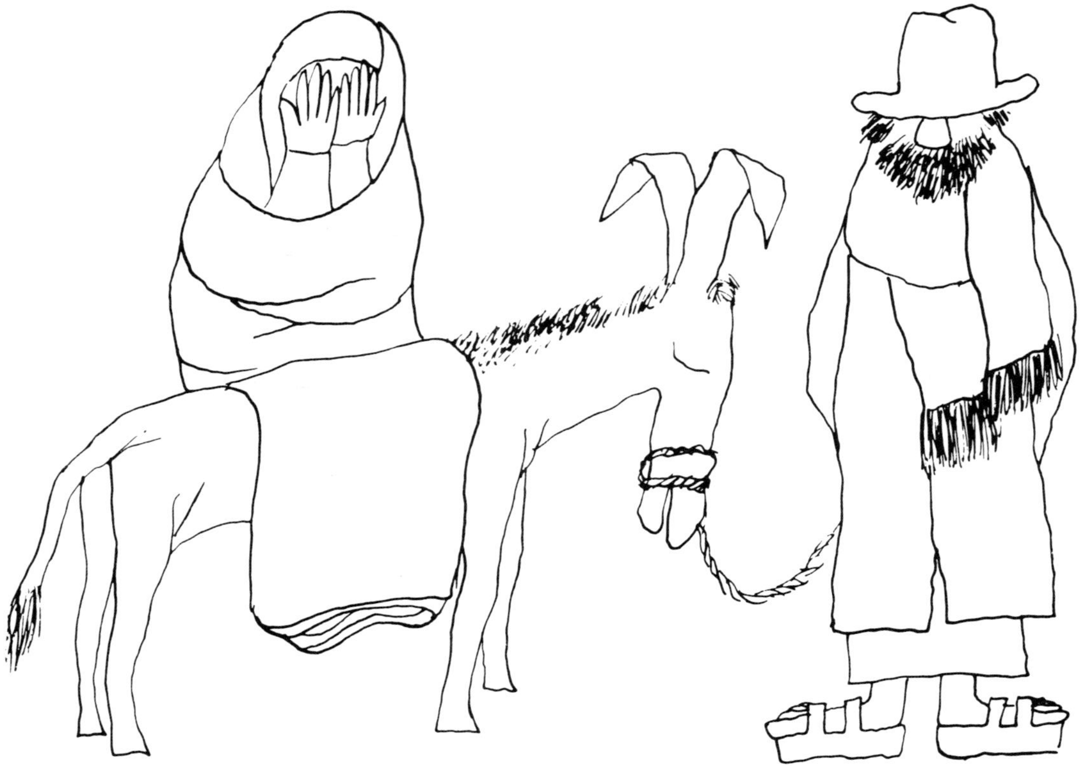

Josef steht jetzt ganz allein,
Maria weint in sich hinein.
Und weil es nirgends Herberg hat,
nirgends in der Davidsstadt,
nirgends Platz in Davids Haus,

ziehen sie in die Nacht hinaus.
Vor den Mauern der Stadt nach Stunden
haben sie den Stall gefunden,
wo ein Dach war schief und krumm,
kam der Herr ins Eigentum.

Da stand schon der Ochs und lacht,
denn er weiß: Hier, heute nacht
wird es einmal anders sein.

Heute bin ich nicht allein.
Wir stehen zu zweit in der Ökonomie –
i und mei Esel, mei Esel ond i.

Als es dann war Mitternacht,
ist durch Gottes Gnad und Macht
dort in diesem Stall verloren
unser Heiland dort geboren.
Und die Mutter nimmt das Kindlein,
wickelt es in weiße Windlein,
daß dem Kindlein nichts passiert,
legt sie's, und daß es nicht friert,
in die Kripp' und deckt ganz scheu
's Kindlein zu mit Stroh und Heu,
daß da jedermann so find'
Jungfrauensohn und Krippenkind.

Ochs und Esel sind im Glück,
lang bevor die Hirten laufen,
können sie mit ihrem Maul
warm ein wenig 's Kind anschnaufen.

’s ist, als ob in dieser Stunde
eine kleine Weltsekunde
stehen bleibt still unsre Zeit
und lauscht in die Ewigkeit.

’s ist, als ob auf ihren Bahnen
stehenbleiben, weil sie’s ahnen,
alle Sterne, weil da ist,
strahlender als alle Sonnen
unser Heiland Jesus Christ,
als die Sonne aller Sonnen
wie ein Stern geboren ist.

Von den Sternen kommt ein Singen
wie sonst nur die Engel singen.
Wer ganz still ist, kann es hören,
Gloria von Engels Chören.
Ehre sei Gott und Frieden auf Erden
den Menschen, denen Gott gnädig will werden.

Und von dem Singen der Heiligen Nacht
sind die Hirten am Feuer erwacht.
Da hatten sie bisher bei ihren Schafen
zuerst gevespert und dann geschlafen.

Da wird das Wort der Heiligen Nacht
zuerst den Armen bekanntgemacht.
Zuerst meinen sie, es sei nur ein Traum,
sie hören und spüren den Engel kaum.
Dann ist es, als hätte sie jemand gezupft,
und ein Engel im Traum sie ein wenig gestupft.
Sie glauben es immer noch eigentlich kaum
und träumen, es sei noch immer ein Traum.

Da sehen sie, wie die Schafe schnaufen,
und wie sie aus dem Pferch möchten laufen.
Da hören sie auch die Stimme sagen:

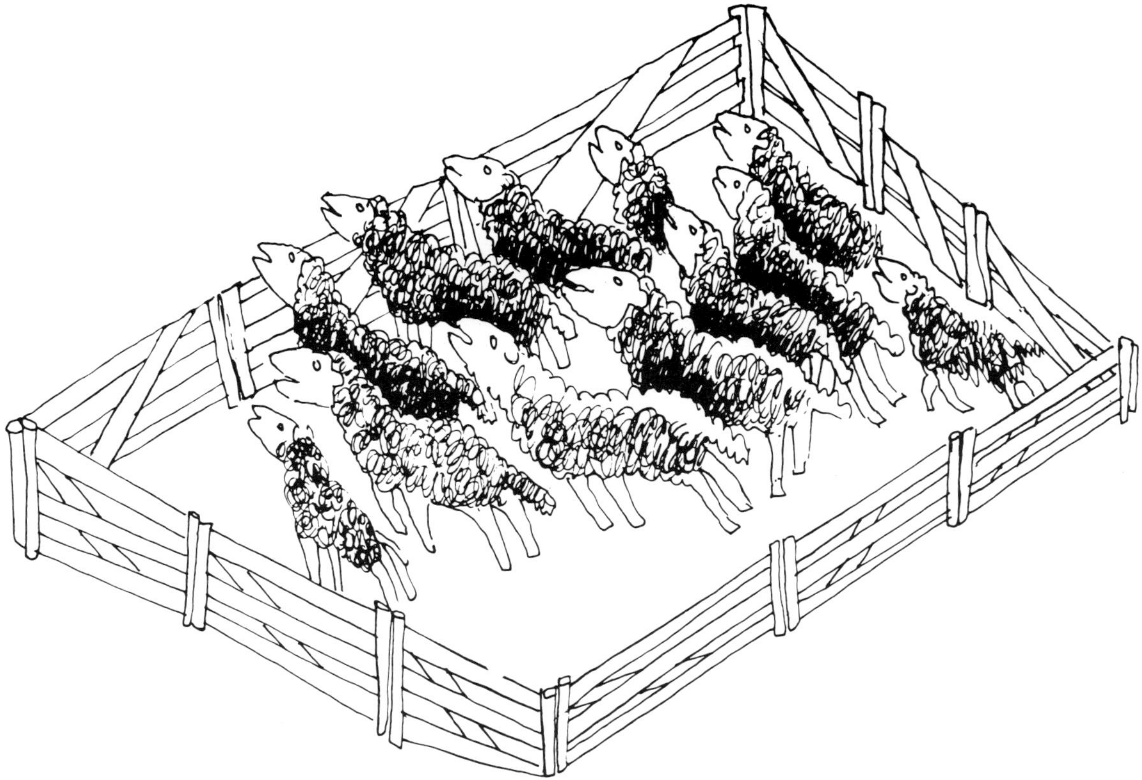

»Das ist der Anfang vom Ende der Klagen.
An was jeder Fromme im Volke denkt,
euch ist es als den Ersten geschenkt,
an was die Stillen im Lande gedacht,
euch hat es diese Nacht gebracht.
Fürchtet euch nicht, seit Adam verloren,
heute ist für euch der Heiland geboren.
Hört Himmel und Sterne und Engel es künden
das Gloria über allen Gründen.

Und wie es euch die Propheten versprochen:
Das Kind hat die Ketten der Schuld zerbrochen.
Nun springt, so schnell ihr springen könnt, hin
zum Kind, zum Stall, da findet ihr ihn,
den Retter der Welt in Windeln liegen
und helft Maria das Kindlein wiegen.«

Da laufen die Hirten zur Mitternachtsmette,
damals im Stall –, und um die Wette.
Mit Schafen und Hunden, die Mädchen und Buben,
mit Flöten und Pfeifen und Blasen und Tuben.

Ein kleines Schäfchen bringt der Ruben.

Ein Hutzelbrot hebt dem Kindlein hin
der Kleinste von allen, der Benjamin.

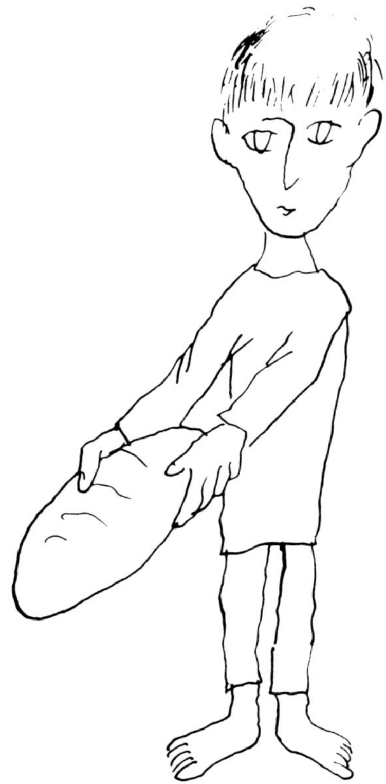

Da bringen die Rahab, die Ruth und die Rahel
Apfelstrudel in einer Kachel.

Der Herr hat die Krippe sich gewählt,
und aus dem Stall fällt ein Licht auf die Welt.
Was damals zum erstenmal ist auf Erden
geschehen, wird auch bei uns wieder werden,
wenn wir hingehn und dem Kinde singen,
wenn wir ihm unsere Gaben bringen
für arme Kinder, die heute nacht frieren,
dann kann es in Hohenberg passieren –

auf unserer Kirche liegt dann vielleicht ganz
vom Glanz im Stall ein kleiner Glanz.
Bethlehem ist dann in unserm Land.
Lauft zur Krippe, hört auf mit dem Träumen,
zündet die Kerzen an auf den Bäumen,
und bringt die Gaben, und Brot und Wein:
Christus will bei uns geboren sein.

Zum Maler und Autor

Sieger Köder, geboren 1925 in Wasseralfingen. 1948–1951 Studium an der Kunstakademie in Stuttgart; 1954–1965 Kunsterzieher am Schubartgymnasium in Aalen; 1965 Studium der Theologie in Tübingen und München; 1971 Priesterweihe; seit 1975 Pfarrer in Rosenberg und Hohenberg (bei Ellwangen/Ostalbkreis).

Werke:

1970 Wasseralfinger Tabernakelaltar

1975 Kreuz und fünf Passionsbilder in St. Maria-Suso zu Ulm; Fensterzyklus in der Heilig-Geist-Kirche zu Ellwangen; typologische Fenster in Hohenberg; Ausstellung in Wasseralfingen

1980 Fenster in der St. Anna-Kapelle in St. Moriz zu Rottenburg-Ehingen

Veröffentlichungen:

1972 »Eine Tübinger Bibel in Bildern«, Stuttgart

1973 Illustrationen zu den Sachbüchern von G. Lohfink »Jetzt verstehe ich die Bibel«; D. Arenhoevel »So wurde Bibel«; A. Weiser »Was die Bibel Wunder nennt«, Stuttgart

1974 »Menschen in der Passion«, Ulm

1975 »Ahnung des Ewigen«. Bildmeditationen zum Wasseralfinger Altar, mit Texten von M. Kieninger und P. Seethaler, Stuttgart

1977 »Neue Bilder der Heiligen Schrift«. Texte und Dias, Ulm

1980 H. Leroy »Und mit deinem Geist«. Die Fenster der Heilig-Geist-Kirche in Ellwangen, Ulm

1982 Zeichnungen zu J. A. Adelmann »Aufatmen beim lieben Gott«, Freiburg; »Versöhnung«. Bilder zu Passion und Ostern, mit Texten von J. A. Adelmann und P. Baumhauer, Ulm